RETROUVEZ

titeuf

CHEZ

POP!

c'est pô une vie...

même pô mal...

c'est pô croyab'

c'est pô malin...

pourquoi moi ?

les filles, c'est nul...

tchô, la planète !

le préau atomique

Ah ouais, d'accord...

au secours !

tcheu, la honte !

tous des pourris du slip !

la méga classe !

un truc de dingue !

Titeuf, le film !

ZEP

titeuf le film

ADAPTATION : HELENE BRULLER

POP! est une collection dirigée par
Hélène Bruller et Fabrice Le Jean

Hachette Livre, 43, quai de Grenelle, 75015 Paris.

1

C'était une journée préhistorique comme d'habitude : avec les tricératops qui pataugeaient, les ptérodactyles qui vous cacataient sur la tête et les T-Rex qui bouffaient tout le monde... Sans oublier les trucs vénéneux sur le chemin pour rentrer de l'école... Et quand je parle de trucs vénéneux, je veux pas dire les jolis champignons rouges à pois blancs que les filles adorent dessiner. Je vous cause plutôt de ces deux australo-racketteurs qui débarquent de derrière un buisson et nous barrent le chemin à Manu et moi en nous traitant de microbocus et en demandant nos goûters...

On voit bien dans leurs yeux qu'ils ont pas inventé le feu. Mais Manu se fait avoir parce que c'est un pétochard et il donne à homo abrutis et homo débilus son beau sandwich à la chenille. Moi, j'ai rien parce que ma mère a oublié de me faire un goûter. J'aurais pu leur dire juste que j'ai rien à cause de ma mère...

Mais va savoir pourquoi, je me suis dit que ça valait le coup d'essayer une autre méthode. Un truc qui s'est jamais fait au paléolithique : dire un truc drôle. Je me disais que, si ça se trouve, en les faisant marrer, ils me trouveraient sympa, alors j'ai dit : « Moi, j'ai rien que mon slip ! » et effectivement, ça les a fait marrer...

Sur le chemin pour rentrer à nos grottes, Manu m'a dit que, au moins, j'avais pas eu l'air d'un pétochard comme lui. Et moi je lui ai fait remarquer qu'il était un pétochard avec un slip. Alors que moi, je m'étais fait piller un slip tout neuf en peau de loup de mon anniversaire et c'était hyper grave et aussi un peu la honte.

Manu essayait de me consoler mais moi, je savais ce qui allait se passer en rentrant : ma mère allait crier en faisant sa tête de celle qui a mal entendu. Donc je suis rentré à la grotte et comme ça se voyait assez vite qu'il me manquait un truc, j'ai été obligé d'expliquer. Et ma mère a crié « Quoi ??!?!! » en faisant cette tête-là : Vous voyez ! Je vous l'avais

dit ! Mais heureusement, mon père avait ramené des trucs de la chasse, donc ma mère a dit qu'elle avait de quoi me coudre un nouveau slip. Faut reconnaître, ma mère, elle oublie des fois mon goûter et me crie pour mes mauvaises notes en taille du silex, mais elle est quand même hyper cool. Enfin... c'est ce que je croyais... Je me demandais pourquoi

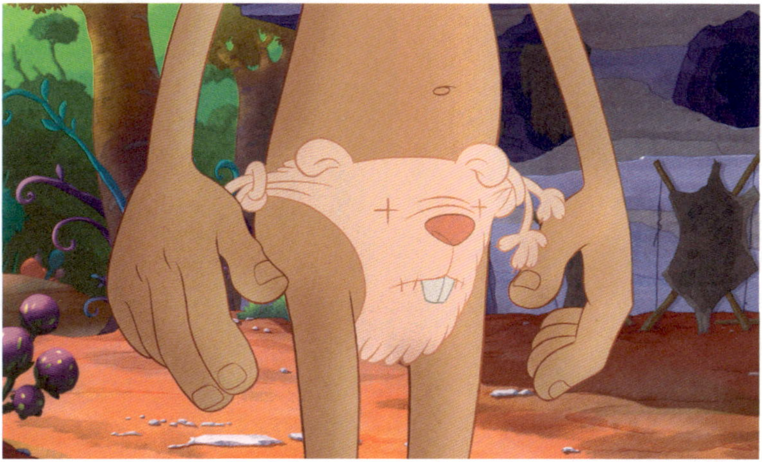

mon père chassait que des animaux nuls, mais ça m'a pas empêché de croiser les filles de l'école. Quand elles ont vu mon slip en hamsterosaure, ça été foutage de tronche qui tue. Remarque, à leur place j'aurais fait pareil. Pour leur échapper, je me suis dit : vite ! Demi-tour et barre-toi de là ! Mauvaise pioche...
Pour plus entendre leurs

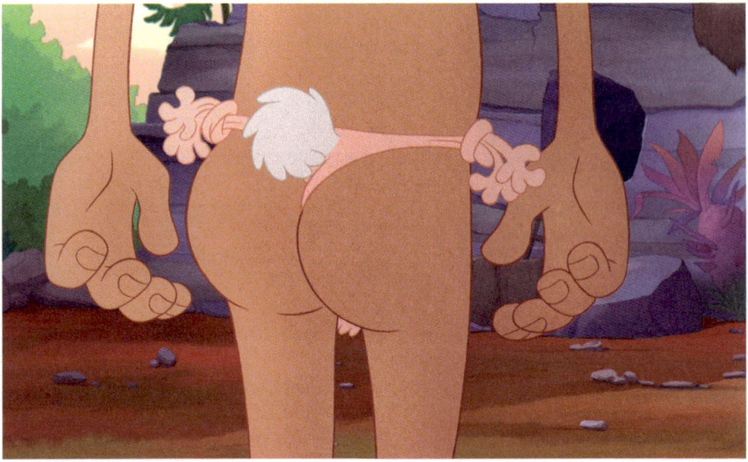

réflexions de pestes, je me suis enfoncé dans la forêt. Un peu du genre qui s'est perdu, même. Et c'est vite devenu le genre qui fout la trouille. Je me suis mis à flipper que j'allais croiser personne et que j'allais mourir, mais l'odeur du hamster a fini par attirer quelqu'un... Et c'est surtout là que j'ai pensé que j'étais foutu...
Le T-Rex a reniflé mon slip

pour vérifier la date de péremption et il a compris que c'était bien du hamsterosaure. Il a même fait une tête un peu étonnée du type qui a trouvé le plus gros hamsterosaure de la préhistoire... Il s'est mis à me grogner dessus avec un air de plus en plus féroce. Un air qui me faisait penser à quelqu'un...

Mais qui ? J'ai pas eu le temps

de chercher à qui il ressemblait parce qu'il s'est passé un truc trop bizarre : le T-Rex s'est mis à grogner en ouvrant grand sa gueule, mais sa tête géante a commencé à se déformer. Un peu comme quand on fait des personnages en argile et qu'on leur tord la face dans tous les sens. Sur un T-Rex, ça fait des effets spéciaux...
Je me disais qu'il allait grogner

un bon coup et m'arracher la tête ni vu ni connu. J'espérais qu'il mangerait aussi le slip, au cas où Nadia serait là quand on retrouverait mes restes. Mais la transformation s'est amplifiée et ses grognements ont changé aussi...

2

« Grâââââârhh Titeuf, ça te gêne pas de dormir pendant le cours d'histoire ?!?? ». Pour voyager de la préhistoire à aujourd'hui, ça met un paquet de temps. Même si c'est seulement en rêve. Et moi c'était carrément un cauchemar. J'ai mis du temps pour émerger... J'étais pô du tout dans la jungle, y'avait plein de monde autour de moi et ils me regardaient tous. J'étais revenu à notre époque et c'était un peu choquant comme changement de décor, alors j'ai pas compris tout de suite et j'ai crié : « Haaaaa ! Un horrible T-Rex ! ». Mais c'était pô un T-Rex... C'était pire.

En sortant dans la cour de l'école, j'avais trop la haine. La maîtresse m'avait collé la punition qui tue : copier cinquante fois « Je ne dois pas traiter ma maîtresse de T-Rex ». En plus c'était pô juste : je l'avais pas traitée de T-Rex... mais « d'horrible T-Rex ». Manu m'a dit que je devrais être content : ça me faisait un mot de moins à copier...

Mais j'avais un peu de mal à être content, vu l'ambiance de la soirée en rentrant à la grotte... à la maison, je veux dire. J'ai dit à Manu que je savais même pas pourquoi j'avais traité la maîtresse de T-Rex alors que ça a disparu y'a des millions d'années. Manu a dit tout étonné : « La maîtresse ? Disparue ? » en faisant sa tête de Manu.

3

J'adore quand il fait cette tête, Manu. Il est comme ça, Manu : le genre surpris. Et c'est à cause de ça et de plein d'autres raisons que c'est mon meilleur copain pour la vie. Avec Manu, on a fait un sacré paquet de trucs qui finissent en punition.

Les adultes disent toujours que c'est quand on a des problèmes qu'on voit qui est un vrai copain. Eben Manu, c'est un copain comme ça : aussi pour les problèmes.

Bon, j'ai quand même d'autres meilleurs copains, hein ! Par exemple y'a Hugo. Lui, ce qu'il aime, c'est manger et dire des trucs débiles.

Et aussi dans mes super potes, y'a un truc qui fait gicler de la bave chaque fois qu'il parle et il parle que pour dire des bêtises. Personne comprend comment il peut montrer aussi souvent son appareil dentaire... et avouer qu'il s'appelle Jean-Claude...

Ensuite, dans la liste de mes copains, j'ai mis François...

... et même Vomito qui continue à faire du tourniquet alors que son estomac veut pas.

Ramon, c'est mon copain avec un accent qui nous fait bien marrer quand il récite la poésie au tableau...

Puduk, y'a pas grand-chose à dire sur lui...
Y'a surtout à sentir...

Et puis y'a Marco, le gros frimeur de l'école qui se croit beau parce que les filles l'adorent...

... mais les filles, elles comptent pas... à part Nadia...

Nadia, elle est tellement belle que je veux me marier avec plus tard. Le problème, c'est que c'est quand même une fille... et les filles, ça comprend pas tout. Du coup, elle veut pas se marier avec moi. Mais j'ai ma technique pour la faire devenir folle de moi. Je lui fais mon attitude.

4

Voilà, c'est ça, mon attitude (puisque vous demandez)... Manu comprend rien à mon attitude. Mais il comprend rien aux filles non plus, donc ça s'annule. Des fois, il est vraiment à côté de la plaque : je lui ai montré un poème que j'avais écrit pour Nadia et il a dit que c'était nul. J'aime pas très beaucoup quand il dit ça. Alors je lui ai dit un truc bien sanglant : « Toi-même ! »...

... et je suis parti. J'aime pô me brouiller avec Manu. Mais maman dit que les disputes, ça fait les réconciliations et les réconciliations, ça fait l'amitié. Ensuite elle dit que je comprendrai plus tard... tant mieux, parce qu'aujourd'hui, j'ai rien compris. Ce que j'aime le moins quand je me brouille avec Manu, c'est que j'imagine sa tête de resté tout seul et ça me fait de la peine...

5

Là, c'est mon papa. On est à table chez moi. Et je boude toujours Manu. Mon papa, il est assez cool même si des fois, il s'énerve un peu. Dans la vie, il est réparateur d'ordinateurs ou d'autres trucs et parfois chômeur. A côté de lui, qui sert à manger, y'a maman. Moi je l'adore ma maman. Sauf quand elle dit : « Titeuf ! Dépêche-toi de manger ta soupe tout de suite ! ». Là elle est

moins sympa. Sinon, c'est la reine des câlins, mais j'aime pas qu'on en parle parce que si un copain de l'école apprend ça, je suis mort. Le truc avec beaucoup de bave et pas beaucoup de cheveux, c'est ma petite sœur, Zizie.

Elle serait la top des tops si elle bouffait pas tout le temps mes figurines de Captain Biceps et mon jouet Grand Mugul. Elle aime bien aussi jouer avec sa purée, surtout pour la gicler sur papa. Ça, par contre, je trouve ça méga marrant. Bref, j'ai une chouette famille. Mais ce soir, les parents sont un peu énervés. D'ailleurs, ça fait un moment que papa a un pli de vieux entre les yeux et que maman parle un peu trop fort. Elle m'a envoyé me coucher comme si elle attendait que ça...

C'est pô son genre d'oublier le bisou. D'ailleurs, j'ai entendu papa lui faire remarquer qu'elle avait l'air énervée. Mais ça a pas du tout calmé maman. Elle a crié que papa pouvait se sentir calme vu qu'il fichait rien dans la maison. Papa a répondu un genre de truc qu'on dit quand on veut une dispute. J'entendais tout et ça me serrait le cœur.

6

Le lendemain, à l'école, j'ai raconté aux copains que papa et maman se disputaient. Hugo a dit que sa mère est énervée aussi quand elle a ses règles. J'ai pensé que c'est ça qui est arrivé à mes parents : papa a ses règles et maman son équerre et ça va pas ensemble. Manu a dit que tous les parents se disputent, mais que le plus important, c'était de savoir si j'avais fini ma nouvelle lettre anonyme pour Nadia. J'ai bien voulu faire lire ma lettre à Manu mais à condition qu'il dise pas qu'elle est nulle. La dernière fois, hier, ça m'avait vachement énervé les règles. Manu a promis.

Par contre il avait l'air bizarre alors je lui ai demandé ce qui allait pas dans ma lettre. Il m'a dit que rien mais qu'il comprenait pô pourquoi je parlais de papier toilette à Nadia. C'est comme ça que j'ai compris que j'avais échangé ma lettre avec la liste des courses... et que ma mère avait mon courrier d'amour !

7

En haut de l'escalier, y'avait Dumbo qui distribuait des papiers roses aux gens de la classe. Manu en a eu un mais quand je suis passé, Dumbo a fait exprès de pô m'en donner. Je m'en fous, Manu me fera lire le sien ! Quelle débile, cette Dumbo ! Si elle croit que ça me dérange de pas avoir ses petits mots de fille ! En plus, ça m'intéresse pô du tout. Mais j'ai quand même couru pour écouter Manu lire le sien. C'est Dumbo qui l'invitait à son anniversaire ! Trop mort de rire ! Mais Manu a dit : « Attends, c'est une fête pour son anniversaire et aussi celui d'une autre copine... Nadia ! ».

Alors là, j'étais hyper plus intéressé. Et surtout méga étonné : comment Nadia pouvait m'oublier, MOI ?! Manu a essayé de m'expliquer que peut-être, j'avais dégoûté Nadia avec mes phrases en rotant, les concours de bulles de morve, les boulettes de crottes de nez. Je lui ai dit que ça allait, j'avais compris...

Mais pour de vrai, j'avais pô compris et j'arrivais pas à penser à autre chose. Il avait raison, Manu, les filles ça aime pas quand on fait des gags rigolos ou quand on dit des trucs genre « les filles, c'est du caca de chien ». J'étais en train d'y penser quand la maîtresse m'a demandé si j'étais encore au pays des dinosaures...

Tout le monde s'est marré et la maîtresse, elle était toute fière d'avoir fait rire la classe. Mais moi, je riais pô du tout. Je sais pas si la maîtresse était fière de ça aussi...

8

Bref, c'était une journée bien pourrie et j'étais assez content de rentrer à la maison. Quand je suis arrivé, Zizie était toute prête à partir en promenade : elle avait son bonnet de lutin qui lui fait une tête trop mignonne et elle avait l'air toute contente de sortir. Je lui ai demandé si elle allait au parc et elle a répondu «gourkeuf». En fait, elle articule jamais très bien, surtout quand elle a un truc dans la bouche. Et ça a pô loupé, elle avait bouffé mon poster de Jump Rodgers ! J'essayais de lui dire d'arrêter de manger mes affaires quand tout à coup, j'ai remarqué le sac.

C'était le sac de voyage de maman. Et il était plein. Maman est arrivée avec papa. Ils faisaient une drôle de tête tous les deux. Maman a commencé à dire qu'elle allait partir quelque temps chez mémé… Si y'avait eu des vacances, j'aurais été au courant, croyez-moi. Non, ce qui se passait était plus grave…

En tout cas, la tête des parents disait que c'était un peu grave. Maman s'est penchée vers moi comme quand j'ai la grippe et elle m'a dit que papa et elle, ils avaient besoin de réfléchir, que c'est comme ça, les parents, des fois, ça a besoin de prendre un peu des distances... pour réfléchir. Et moi je voyais pô du tout ce qui aide à réfléchir chez mémé...

Maman a dit qu'elle emmenait Zizie, vu qu'elle a pas école, mais que moi, je restais là avec papa parce que justement, fallait que j'aille en classe. Bref, pô de vacances à la campagne pour moi et l'école en plus. Double punition, quoi. Maman a dit que je viendrais la voir. Et elle m'a consolé alors que j'avais pas encore tout compris pourquoi.

Après elle a dit qu'on se voyait bientôt, elle m'a refait un câlin et elle a embarqué Zizie, le sac et elle a fermé la porte. Papa et moi, on est restés un peu dans le silence. Papa s'est rapproché et il a dit un truc du genre que maman allait revenir bientôt, qu'ils avaient tous les deux besoin de faire le point...

J'ai demandé à papa si, pour faire le point, ils avaient besoin de ma Game Boy, parce que, comme ils me l'avaient toujours pas rendue... Papa est parti dans le salon sans répondre.
Au moins, j'ai essayé...

9

Le lendemain, quand j'ai tout raconté aux copains que ma mère était partie avec son sac et Zizie et que c'était pour faire le point chez mémé, ils ont été hyper choqués. Manu a dit que si ma mère avait pris un sac de voyage, c'était pas bon. Je lui ai dit « Elle m'a pas emmené avec elle, je te signale ! » et Manu a dit que, justement, c'est pour ça que c'était pas bon. En plus, Jean-Claude a postillonné que mes parents allaient se divorcer et moi je sais que c'est n'importe quoi. Hugo a dit que ma mère avait peut-être un amoureux, que ça s'appelle avoir le démon de midi. Imbécile ! Ma mère, elle est partie à quatre heures !

Ils m'énervaient, tous à dire des mensonges, parce que j'aime pas avoir envie de pleurer devant tout le monde.

Et puis Manu a dit que peut-être, mais c'est pas sûr, que ma mère avait pris sa liste pour faire les courses, que, à la place, y'avait ma lettre d'amour, qu'elle l'avait lue et qu'elle avait cru qu'un amoureux secret l'avait écrite pour elle...

Ils en ont dit un paquet de nazeries mes copains, mais l'idée de Manu, elle était pô si bête. J'imaginais très bien ma maman toute fatiguée, toute énervée contre papa et qui, en plus, devait aller faire les courses et elle en a marre. Et puis, tout à coup, elle lit que ses yeux sont comme des étoiles et ses joues comme des météorites...

Franchement, ça ferait rêver n'importe quelle fille, non ? Je me suis mis dans un coin avec Manu pour être un peu triste tranquille. Mais Marco s'est pointé et il a dit que son père à lui était parti réfléchir y'a quatre ans, qu'il était toujours pô revenu et que même, il était avec une nouvelle femme qui s'était installée chez eux avec... ses deux filles !!!!!!

10

Le soir, à table avec papa, j'avais pô la patate. Pourtant, papa m'avait fait son super papaburger et d'habitude j'adore ça. J'ai demandé à papa si le nouveau mari de maman avait des filles. Papa a serré tout à coup hyper fort la bouteille de ketchup et ça a giclé sur la table. Il a dit que maman avait pô de nouveau mari, mais il avait pas l'air d'en être super sûr. Il m'a rejoué son épisode des parents qui s'aiment toujours mais qui reculent pour réfléchir sur faire le point. Je lui ai dit que je comprenais rien du tout, mais ça se voyait que lui non plus, il comprenait rien. Alors c'est pas la peine de frimer.

Heureusement, le téléphone a sonné et ça a obligé papa a arrêter sa re-explication pour aller répondre. C'était maman qui appelait pour me parler. Elle m'a dit que j'allais venir la voir le week-end. Je lui ai demandé si je pouvais prendre des jouets et papa, elle m'a dit que c'était d'accord pour les jouets mais que papa allait rester à la maison.

J'ai pas beaucoup dormi pendant la nuit parce que j'ai beaucoup pensé à tout ça : les parents, les punitions, Nadia qui m'a pas invité à son anniversaire... Le matin, j'avais hyper envie de dormir quand je suis parti à l'école. Sur le chemin, j'avais les yeux qui piquaient à cause du sommeil et aussi un peu à cause des autres trucs...

Pendant la classe, à cause de moi, Nadia et moi on a été envoyés chez le directeur. En attendant dans le couloir, j'ai dit à Nadia que j'étais désolé qu'on soit punis parce que j'avais triché mais que c'était parce que mes parents allaient divorcer et que ça me faisait du traumatisme. Du coup, elle a été toute gentille avec moi. Bien joué.

11

Chez le directeur, j'ai refait un peu ma méthode du traumatisme, juste pour voir. J'ai expliqué que j'avais pô eu le temps d'apprendre pour l'interro à cause de ma traumatisation. Gagné ! Le directeur a fait sa tête d'adulte qui a tout compris des enfants et il a fait un petit discours sur les « circonstances difficiles » et les enfants qui doivent s'adapter. Bref, il a dit que du coup, comme moi j'étais une circonstance difficile, il me comprenait et que j'avais pô de punition. Et puis, avec une tête d'adulte qui comprend pas du tout, il a dit à Nadia que, elle, par contre, elle était punie...

Pas la peine de préciser que Nadia m'en voulait un tout petit peu en sortant du bureau.

Elle m'a envoyé me faire voir dans je sais pas quel pays et d'autres trucs pô du tout sympas. J'ai essayé de lui reparler de mes parents mais elle m'a juste crié dessus « va mourir ! » et elle est partie. J'étais vraiment déçu : et ma traumatisation, alors ?

En tout cas, la bonne nouvelle c'est que le directeur m'a pas puni. Par contre, la mauvaise nouvelle, c'est qu'il a voulu m'envoyer chez un psy. Les copains m'ont dit qu'un psy, c'est un type qui va voir dans ta tête pour faire sortir tout ce qui est pourri dedans. Je vous dis pas les cauchemars que j'ai fait pendant la nuit...

Ce qui est sûr, c'est que je vais laisser personne me découper le crâne pour attraper tous mes souvenirs et les arracher de dedans mon cerveau.

12

Le lendemain matin, dans la salle d'attente du psy, papa arrêtait pas d'insister pour que j'enlève mon casque. Mais je suis pas fou (enfin... peut-être pas) et moi vivant, personne m'ouvrirait la tête comme une boîte de conserve. A côté de moi, dans la salle, y'avait des tas de gens différents. Ils avaient tous leur tête en entier. Peut-être que c'était pas si dangereux après tout... mais j'ai quand même gardé mon casque.

On est entrés dans le bureau et le psy nous a dit bonjour. Il prenait des notes dans un carnet et il avait l'air super gentil. Mais c'était peut-être une apparence pour me piéger !

Le psy a dit que je pouvais garder mon casque si je voulais. Il a dit qu'on allait faire un jeu : il allait me montrer des feuilles avec des taches d'encre dessus et moi je devais dire à quoi ça ressemblait.
Plus rusé que je pensais, le lascar ! Mais pô autant que moi... La première tache d'encre me faisait penser vraiment très fort à quelqu'un...

Mais je me suis pas fait avoir. J'ai répondu que ça me faisait penser à une tache d'encre. Ensuite, il m'a montré une tache qui ressemblait trop à maman, « Une tache d'encre ! », j'ai dit. La dernière tache ressemblait au psy. J'ai dit : « C'est vous, avec votre crâne chauve et vos poils aux oreilles. » Il a juste dit : « Hm, hm »...

...mais on voyait bien qu'il était vexé. Papa m'a dit en sortant que c'était pô très poli de lui dire ça. Mais moi, c'est pô ma faute si le psy est une tache !

13

Elle passait juste devant la porte du psy quand on est sortis. Papa a dit « Elodie ! » et la fille a dit « Oh ! Mais qu'est-ce que tu deviens ? ». Je la sentais pô du tout, celle-là ! Elle a donné son numéro de téléphone à papa en faisant des petits rires complètement ridicules.

Quand elle est partie, papa a dit que c'était une ex-fiancée à lui... Papa fiancé à cette vieille, beurk ! L'après-midi, j'ai dû retourner à l'école. J'ai même pô été puni d'avoir loupé la classe le matin ! Hugo a dit que pour son hamster, c'était pareil, quand il était tombé malade, personne le punissait jamais, même quand il bouffait les plantes...

Il pouvait faire ce qu'il voulait, faire pipi sur le tapis et aussi grignoter le canapé.

Je voyais pas du tout le rapport entre les aventures de Toto le hamster et ce qui m'arrivait à moi. Hugo a dit que son hamster pouvait faire tout ce qu'il voulait comme bêtises et que personne l'engueulait jamais parce qu'il était malade et qu'on savait qu'il allait mourir. Je comprenais toujours pô où il voulait en venir. Par contre, les copains avaient l'air de commencer à comprendre, eux. Il me regardaient tous avec un drôle d'air et ils ont reculé pour s'éloigner de moi comme si j'avais pété.

J'ai crié que ça suffisait et que fallait peut-être m'expliquer pourquoi Toto le hamster c'était comme mes parents qui réfléchissent. Manu a dit que ça faisait un moment que j'avais pô été puni ni engueulé et que, si ça se trouve, c'était comme pour Toto : personne me disait rien parce que j'étais malade et que j'allais mourir. C'était trop horrible !

Les copains ont voulu me consoler, mais c'était trop tard. Fallait quand même que je sache la vérité ! Alors en rentrant à la maison, j'ai fait pipi tranquillement sur le tapis du salon. Papa m'a crié dessus et il m'a puni dans ma chambre et privé de télé. Dans ma chambre, j'ai mis la musique et j'ai dansé la fête du slip !

J'étais sauvé ! Parce que, privé de télé, on aurait jamais fait ça à un condamné.

14

Le soir suivant, papa a dit que je pouvais faire un pique-nique dans ma chambre parce qu'il avait quelqu'un à dîner.

Sur le coup, j'étais méga content d'avoir le droit de manger par terre. Mais quand on a sonné à la porte, j'ai espionné pour voir qui c'était et j'ai vu entrer l'ex-fiancée de papa. Elle lui a fait des bisous sur les joues et je trouvais ça assez inquiétant alors j'ai appelé Manu. Manu m'a demandé comment Elodie était habillée, j'ai dit « avec beaucoup de peau qui dépasse », il a dit « aïe ! » mais que c'était pô trop grave si mon père avait pas allumé les bougies. La vache ! Papa avait sorti toute la réserve !

Alors là, c'était opération commando : j'ai raccroché avec Manu et j'ai couru prévenir papa que la fille voulait le draguer avec toute sa peau dehors de sa robe. En dix minutes c'était plié : elle a pris son manteau et claqué la porte. Cette belle victoire m'a donné du courage et le lendemain, je suis allé voir Nadia pour essayer de me faire inviter.

Je lui ai proposé de faire le jeu des taches comme chez le psy parce que les filles, ça aime les jeux où on s'ennuie mortel.

J'ai vidé une cartouche d'encre sur une feuille et clac ! je l'ai pliée en deux... mais un peu trop hyper fort... et toute l'encre a éclaboussé Nadia. C'était pô du tout ce que je voulais. Et apparemment, elle non plus...

Les filles, elles sont quand même vachement compliquées. Et ça fait mal aux joues.

15

Papa m'a accompagné à la gare pour que j'aille retrouver maman et Zizie chez mémé. Sur le quai, il arrêtait pas de répéter que j'étais un grand et que je pouvais me débrouiller tout seul, et en même temps il m'a redemandé trois fois si j'avais bien mon billet et mon sac et si je me souvenais bien qu'il fallait que je descende à Bregogne. Pour un grand, j'étais carrément traité comme un bébé. Mais j'ai réussi à calmer papa et je suis monté dans le train. C'était mon premier voyage tout seul et dans le compartiment, j'étais avec une mémé pas sympa et son mini chien et j'étais pô à l'aise. Et puis soudain, sa grande silhouette est apparue...

Ça m'a fait des frissons, tellement il était sauvage. Il était trop stylé. Genre aventurier. Il s'est assis sur le siège avec les pieds sur le siège d'en face, trop la classe. Il a plongé ses yeux bleus dans mes yeux et il a dit : « C'est dur, de voyager seul. La route, je la connais bien, tu sais, elle peut devenir ton amie, alors accroche-toi, petit. »

Il a pas dit son nom et il est descendu avant moi. Je suis sûr qu'il a sauté du train en marche. Mais moi, j'avais vécu un truc incroyable : le type le plus aventurier de la Terre m'avait parlé à moi, dans mes yeux à moi. Ça voulait dire que j'étais comme lui, un aventurier, un dur, un qui est ami avec la route. Mieux que ça même : j'étais un grand.

Evidemment, mémé et maman ont pô du tout vu la différence et elle m'ont fait un bisou de bébé quand je suis descendu du train. Mais moi, je savais que plus rien sera comme avant.

16

Un aventurier, ça prend des risques, et ça a peur de rien, même chez sa mémé. Mais j'ai quand même eu un peu la trouille quand pépé m'a surpris en train de fouiller dans le sac de maman pour voir si c'est là qu'elle planquait ma Game Boy. Heureusement, il m'a pas vu. Je suis allé voir à l'étage si par hasard ma Game Boy y était et trouvé Zizie qui allait bouffer un papier (pour changer...). Je lui ai arraché pour voir ce que c'était et qu'est-ce que je découvre ? C'était ma lettre d'amour pour Nadia ! J'ai demandé à Zizie où elle avait trouvé ma lettre, mais elle voulait pô répondre. Elle voulait juste crier.

Et quand Zizie crie, ça fait venir maman. Et maman crie : « Mais Titeuf, c'est moi qui lui ai donné cette liste des courses pour qu'elle joue avec ! Rends-la-lui ! ». Maman croyait toujours que c'était la liste des courses ! Elle avait pô lu ma lettre d'amour pour Nadia ! Si elle était partie, c'était pas à cause de moi ! Trop cool, j'ai cru que j'allais m'envoler.

D'accord, maman était pô partie à cause de moi, mais alors, du coup, pourquoi elle était partie ? Je suis allé demander à mémé à la cuisine. Elle a dit que c'était des histoires de grands mais que des fois, il fallait prendre de la distance pour se rendre compte qu'on s'aime toujours.

Je lui ai demandé si ça voulait dire que papa et maman se voyaient plus bien de près, comme Manu. Ma mémé a rigolé (alors qu'il y avait rien de drôle) et elle a répondu que c'était un peu ça.

Alors pour papa et maman, il fallait juste des lunettes ?

Euh... non, pas les lunettes...

Je suis allé voir maman qui était sur le balcon, à regarder la campagne. C'était pô malin de venir la retrouver, parce qu'elle a voulu que je regarde aussi la campagne. Elle me montrait ce qui était en face de nous en faisant des grands gestes et elle me disait : « C'est beau, hein ? ». Moi pour être poli je disais oui, mais franchement...

J'ai regardé un peu la nature avec maman, au moins toute une minute, et puis je lui ai demandé si je pouvais aller regarder Mugulator à la télé, mais elle m'a répondu que dans Mugulator, je pourrais pas voir des beaux paysages de nature comme celui devant nous. J'ai préféré lui répondre ce que je pensais vraiment : « Tant mieux ».

Maman m'a raconté qu'elle avait toujours aimé la campagne, que c'est là qu'elle aurait aimé vivre...
Elle a pas dit la suite mais moi j'ai compris qu'à la place de la campagne, elle avait choisi papa. Je lui ai demandé si elle avait réfléchi pour papa, mais elle a dit qu'elle avait besoin de plus de temps.
Et, en effet, ça se voyait...

Et puis y'a Fido qui est venu. C'est le chien de pépé et mémé et il adore venir se coller à nous. J'ai demandé à maman si elle allait avoir un nouveau mari et elle a dit que c'était vraiment pas la question. Mais moi je voulais savoir qui c'était, l'homme de ses rêves. Mais ça a fait rigoler maman et elle a dit : « Pour l'instant, c'est Fido ».

Fido ? Le chien de pépé et mémé qui bave et qui pue de la gueule ? C'est ça le nouveau mari de maman ? Ah, j'allais avoir l'air classe devant Nadia quand on allait se marier.
Je me voyais très bien mettre des beaux habits, dire bonjour à ses parents, super classe, et puis lui dire : « Nadia, je te présente mes parents »...

Je la connais Nadia, c'est une fille. On pourrait se dire « mais c'est pô grave, les filles, elles aiment toutes les animaux », mais moi je sais très bien quelle tête elle ferait, Nadia, en voyant le nouveau mari de maman.

17

Et voilà, le week-end chez mémé était fini et papa était là pour me ramener à la maison, donc à l'école, merci, de rien. Papa et maman se sont presque pô dit au revoir. En même temps, ça se comprend, vu qu'ils se sont presque pas dit bonjour. Pépé a donné à papa une petite tape sur l'épaule comme pour dire que ça va aller, j'ai eu ma collec de bisous pour bébé et on est partis. Dans la voiture, je pensais un peu au nouveau mari de maman. Juste pour discuter, j'ai dit à papa : « Et toi ? T'as trouvé une nouvelle femme ? C'est pas une chienne, j'espère ! ». Papa a réagi comme si j'avais dit une énormité.

Papa pouvait bien se marier avec une grenouille, moi, je pensais surtout à me faire inviter à l'anniversaire de Nadia. Et c'était mal barré. Le lendemain, dès le début de la journée, Nadia s'est payé ma tête. En particulier au cours de gym, quand on devait faire des roulades et que moi, à la place, je me suis labouré la tronche sur le tapis.

J'ai essayé ma méthode de ma traumatisation en disant que j'étais tombé parce que ma mère était partie. Mais Nadia a dit : « Pffff ! Moi aussi, mon père est loin, c'est pas une raison pour être nul en gym ! ». Je suis allé m'asseoir à côté de Manu pour ruminer ma haine, et tout à coup, les mots de Nadia sont revenus : « ...mon père est loin... ».

Mais alors, si le père de Nadia était loin, c'est que sa mère était toute seule ! Et moi, j'avais un papa tout seul pour aller avec ! Et tout ça, ça me ferait vivre avec Nadia ! Il fallait juste trouver un truc pour faire rencontrer mon père et la mère de Nadia. Tout ce que j'ai trouvé, c'est supplier papa de proposer son aide à la mère de Nadia pour préparer la fête.

Papa comprenait pô du tout, mais il a quand même dit d'accord. Le plus dur était fait... Enfin... c'est ce que je pensais... Parce que quand j'ai vu papa dans l'entrée avec son jogging pourri, j'ai eu la trouille. C'est vrai, j'ai dit, on va voir la mère de ma femme, pas descendre les poubelles !

Papa a accepté de s'habiller

comme un humain et on est partis. Quand la mère de Nadia a ouvert la porte et que papa lui a dit pourquoi il venait, on a marqué dix points bonus au score de mon plan : elle a dit que c'était très gentil de la part de papa...

... mais elle a aussi dit qu'elle en parlerait à la mère de Dumbo... et ça c'était moins cool...

18

Le lendemain à l'école, quand j'ai raconté ma stratégie aux copains, Hugo a trouvé mon idée nulle (comme par hasard...) et surtout dégueulasse parce que si ça se trouve, ma mère voudrait revenir avec mon père et mon père il serait marié avec la mère de Nadia et du coup, à cause de moi, ma mère serait malheureuse. Mais je leur ai dit que ma mère, elle allait se marier avec Fido. Manu et Hugo ont trouvé que Fido, c'était un prénom débile. Et puis Hugo a dit que j'avais pô pensé que si mon père et la mère de Nadia fabriquaient une petite sœur, elle aurait la tête de Nadia, mais avec ma mèche...

Ils avaient l'air d'accord pour dire qu'un bébé comme ça aurait l'air con. J'ai pô eu le temps de répondre qu'ils aillent se faire curer le nez parce que Dumbo s'est pointée pour me parler. Elle a dit que mon père était trop chou de venir aider pour sa fête, et que du coup, Nadia m'invitait. Et Dumbo a ajouté : « Tu vas me faire un cadeau ? »...

C'était la trop meilleure nouvelle de toute ma vie ! J'étais invité à l'anniversaire de Nadia ! Tout ce que j'attendais le plus au monde des tops du monde ! Avec Manu, en rentrant, on s'est dit qu'on irait ensemble choisir mon cadeau pour Nadia. Par contre, problème : fallait que j'en trouve un aussi pour l'autre mutante de la planète radar...

19

J'ai jamais compris comment les filles peuvent passer des heures dans un grand magasin et trouver ça chouette. Manu et moi, quand nos mères nous emmènent là-dedans, c'est pire que si on partait pour un an avec la maîtresse en maillot de bain sur l'étoile de la mort. Mais pour Nadia, je pouvais même faire tout un matin là-dedans. On est allés voir les colliers, parce que c'est la meilleure idée pour offrir à une fille. Une fille, j'ai dit à Manu, tu lui offres un collier, après elle t'appartient. Manu a dit : « Un peu comme un chien ». J'ai dit « Ouais, un peu ». Et puis on a vu le collier que je voulais.

La vendeuse était pas du tout très sympathique. Elle a dit que c'était trop cher pour moi, de l'or 18 carats à 800 euros. Et elle vendait pas de colliers en macaronis 18 carats. On est allés au magasin de jouets. Manu m'a montré un coussin péteur en disant que les filles aiment l'humour, mais qu'il y avait aussi des trucs pour les filles qui aiment le mystère...

On s'est baladés dans les rayons, mais rien n'était assez bien pour Nadia. Les trucs que Manu me montrait étaient de pire en pire. Franchement, je vois pas ce que Nadia aurait fait de 12 boîtes de pâte à morve. Et puis dans le coin pour filles, j'ai trouvé mon beau cadeau !

Un collier parfumé ! Nadia, elle ouvrirait le paquet et elle tomberait folle de moi ! Manu m'a demandé si j'avais réfléchi pour lui faire ma déclaration, lui dire je t'aime, tout ça. Moi je pensais qu'avec le collier, elle comprendrait, mais Manu a dit que le secret, c'est la déclaration avec la caresse sur l'oreille comme dans les films. Il a dit : « C'est vachement sensuel l'oreille »...

...du coup, je me suis dit que Dumbo, elle devait être hyper sensuelle. Et ça m'a rappelé que je devais lui trouver un cadeau à elle aussi. Même si j'en avais pô envie. Avec Manu, on est entrés au supermarché parce que Manu a dit qu'on aurait plus d'idées moins chères là-dedans. Une idée pour Dumbo, je l'ai trouvée tout de suite...

Mais Manu a dit que faire une blague à Dumbo, ça pouvait faire mauvais effet sur Nadia, vu qu'elles sont copines. Manu a dit que un CD de Greg Lover ou de Richie Amor, ça, c'était la classe. Je lui ai demandé comment il connaissait ces chanteurs à la noix, il a dit : « Tout le monde connaît ! ».
Il voulait garder l'air cool mais il était tout rouge...

J'ai acheté un des deux et j'ai dit à Manu que j'espérais que Dumbo l'écouterait, à ce prix-là. Manu a dit qu'avec ses oreilles, elle devait vachement bien écouter la musique.
On parlait tranquillement dans la rue quand deux types du genre qui rackettent nous ont barré le chemin. Ils riaient comme des débiles alors que y'avait rien de drôle du tout.

Ils ont dit : « Vous avez bien quelque chose pour nous ? » en regardant nos sacs de cadeaux. Moi, j'avais plus de sous pour racheter un autre collier pour Nadia. Et puis, j'en avais marre de donner mes pains au choco à des plus grands que moi pour pas me faire casser la gueule. Alors, je sais pô ce qui m'a pris, j'ai crié : « Cours, Manu ! Cours ! ».

20

Avec Manu, on était super fiers d'avoir échappé aux deux tarés et d'avoir sauvé mes cadeaux. Mais on est tombés sur un taré d'un autre genre : le genre qui prend la tête. Hugo avait bien réfléchi (ah ouais, bien sûr) et justement, il voulait me parler (merci, le hasard, d'avoir mis ce type sur ma route). Il disait que si mon père se mariait avec la mère de Nadia, Nadia allait devenir ma demi-sœur et que je pouvais plus me marier avec elle, vu que c'est interdit. Je lui ai dit que c'était pas vrai, qu'il était un pourri, et je suis rentré chez moi. Mais ça me collait au cerveau, ce qu'avait dit cette grosse baleine...

Et même, j'arrivais pô à arrêter d'y penser quand on est passés à table avec papa. Et quand je suis allé me coucher aussi. C'est vrai que je pouvais pô me marier avec ma demi-sœur. C'est comme si je me mariais avec la moitié de Zizie. J'ai quand même réussi à m'endormir, mais seulement pour faire des cauchemars trop horribles...

Quand je me suis réveillé, j'avais que ça en tête, trouver une idée pour tout arrêter.
Et paf ! L'idée m'est arrivée dessus gratuitement, juste avec la puissance de mon génial cerveau ! Y'avait qu'à dire à papa de pas aider à la fête pour pas rencontrer la mère de Nadia et du coup, pas se marier avec elle, et tout rentrait dans l'ordre...

Apparemment, papa voulait plus qu'on change encore d'avis... J'étais foutu... Mon mariage était foutu... c'était la fin de l'univers.

21

Quand je suis arrivé à la fête, y'avait déjà une ambiance de folie. Tout le monde dansait, y'avait la musique à fond, des lumières comme dans le club disco de tata Monique, et même des fumigènes... mais ça, c'était les chaussettes de Puduk et ça avait pô trop de succès...

Vomito était déjà en train de se gaver de chips pour avoir un truc à vomir pendant les slows. Ils avaient gonflé plein de ballons qui volaient dans la salle et ça faisait chouette. Jean-Claude avait pris un ballon pour faire une démonstration de comment on embrasse les filles. Mais embrasser un ballon avec des bagues aux dents, ça le fait trop pas...

François restait assis dans un coin comme d'habitude, mais cette fois, y'avait une fille assise à côté de lui. C'était François en fille : timide avec des lunettes et qui fait croire qu'elle aime pas danser. Y'avait aussi un buffet avec plein de chips et de boissons. Et derrière le buffet, en train de parler et de rire : mon père et la mère de Nadia...

Même Hugo avait trouvé une fille pour danser et Marco faisait sa démonstration de hip-hop devant les filles complètement hypopotisées. Bref, tout le monde s'amusait. Tout le monde sauf un pauvre type qui était venu à l'anniversaire de sa demi-sœur qu'il pouvait pô épouser et qu'avait plus qu'à faire le mort…

Remarquez, j'étais pô mal dans ma petite cabane secrète. J'avais fait ma réserve de chips et de Coca, je jetais un œil de temps en temps sur mon père et la mère de Nadia, bref, ça aurait pu être la belle vie... dans une autre vie... Et paf ! Nadia vient dans ma cachette (plus vraiment secrète...) pour m'inviter à danser !

Vous le croyez, ça ? Que le truc de mes rêves de danser avec Nadia, ça m'arrive pile quand c'est devenu ma demi-sœur interdite ? J'avais trop les boules. Mais j'avais aussi envie de danser avec elle. Alors j'ai dit oui. Mais « oui », c'est plus facile à dire qu'à faire... Pendant tout le slow, j'étais super mal. Nadia a dû quand même un petit peu le sentir...

Elle arrêtait pas de me demander si j'allais bien. Tu parles, j'allais aussi bien que si j'avais dû rouler une pelle à Manu. Et voilà que je me mets à penser à lui, justement, en train de me dire : « Tu danses un slow, tu roules une pelle et t'es marié ». Et alors déjà que c'était pô facile avant, mais là j'ai carrément réagi un peu super fort...

Moi, Titeuf, beau gosse, intelligent (et modeste), je venais de pousser Nadia, la plus belle fille de la classe, comme si elle était en poil à gratter. J'étais ruiné, dévalé, disloquifondré. J'ai parlé à Manu que je pouvais pô danser avec ma demi-sœur. Il a dit : « Mais c'est pas encore ta demi-sœur ! Si ça se trouve, ça va pas marcher entre ton père et sa mère ! ».

Quand je vous disais que c'est mon meilleur ami, vous comprenez, maintenant ? En tout cas, le monde est redevenu rose, Nadia est redevenue presque ma femme et moi je suis allé voir mon père pour l'empêcher de se marier avec la mère de Nadia. Papa m'a dit « Tu veux du jus d'orange ? » et j'ai dit « Non, mais je veux bien que tu partes ».

Par sécurité (et aussi parce que papa voulait pô partir), je suis allé parler à la mère de Nadia. Elle discutait avec un type, mais j'ai coupé pour dire : « Madame, il faut pas danser avec mon papa, et il faut pas non plus accepter son spermatozoïde même si il vous a aidée pour la fête ». C'était dit, devant le type comme témoin, donc je suis reparti.

Parce que maintenant que tout ça, c'était réglé, j'avais une mission vachement importante à accomplir : c'était l'heure des cadeaux.

22

Je me suis approché de Nadia et je lui ai donné mon paquet. J'étais pas super détendu, mais j'étais sûr que ça lui plairait. J'ai dit « Pour toi, Nadia, de tout mon cœur » et elle a pris mon paquet.

Y'a des moments dans la vie d'un homme qui comptent

beaucoup, comme offrir un collier à la femme qu'on veut se marier avec. Et y'a des moments importants pour une femme, c'est quand elle ouvre le paquet. Nadia a d'abord fait des grands yeux contents et même un sourire en disant « Oh ! Un collier ! Et il est parfumé !... », ensuite elle a senti le collier et elle a fait une tête complètement différente.

C'était pô écrit sur le paquet, ou alors pas écrit gros, alors comment je pouvais savoir, moi, qu'il était parfumé à l'ail, son collier ? C'est vrai que ça sentait pas bon du tout, c'était horrible. Faut être taré pour fabriquer des trucs pareils. J'étais hyper mal. Alors, au lieu d'assurer, j'ai pris un air bien débile et j'ai dit : « Tu veux que je te le mette ? ».

C'était pô du tout la bonne pioche. Nadia a cru que j'avais fait exprès de lui offrir un collier à l'ail. Quel banane... lui demander si elle aimait l'ail... comme si elle allait me répondre oui...

Evidemment, elle a fait sa Nadia : elle m'a regardé dans les yeux avec un air bien chipie et elle a envoyé le collier dans les airs...

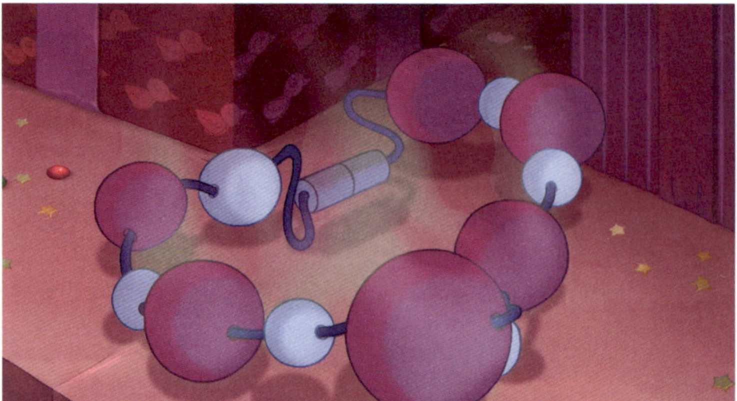

Et voilà. La fête était fichue pour moi. D'ailleurs c'était déjà fichu quand je suis arrivé. J'avais plus qu'à repartir comme un gros nul qui a encore tout raté. Au moins, ça pouvait pas être pire. Enfin... c'est ce que je croyais... Quand j'ai entendu crier « Titeuf, t'es trop chou ! », je me suis dit que les choses s'arrangeaient. Mais je me suis retourné...

Dumbo était complètement hystérique mais au moins, elle avait aimé mon cadeau. Elle sautillait un peu trop, j'avais l'impression que ses oreilles bougeaient : « Le CD de Greg Lover ! J'en rêvais trop ! C'est un trop top cadeau ! ». Et moi j'allais lui dire « Attention, saute pas trop fort, tu vas t'envoler » quand j'ai senti que quelqu'un nous regardait...

Et elle avait pô trop l'air de trouver ça cool que j'aie offert un beau CD de Greg Lover à l'autre papillon et un collier bien puant à elle.
J'ai commencé à bredouiller des trucs genre « non, mais Nadia, attends, faut que je t'explique, parce que c'est pour t'expliquer » complètement nul, quand Dumbo m'a pris par surprise...

23

Pour moi c'était tout fichu par terre avec Nadia et pour papa, ça commençait à sentir aussi mauvais que le collier de Nadia. Le type à côté de la mère de Nadia, eben c'était son mari. Le papa de Nadia, donc. Et vu la tête qu'il faisait pour parler à papa, c'était sûrement pô pour l'inviter à fabriquer ensemble des bouquets de fleurs. Quand je dis qu'il parlait « à » papa, c'est pas tout vrai, c'est plutôt qu'il parlait « au-dessus » de papa. Et papa comprenait pas du tout ce qui lui arrivait, mais comme le type mesurait 3 mètres, papa restait gentil. Il a même proposé un jus d'orange au papa de Nadia...

Pour papa et moi, la fête était finie. On avait tous les deux senti comme un signal que c'est l'heure de partir. Quand on est sortis de la fête, papa comprenait toujours pas pourquoi il avait pris une carafe de jus d'orange tout poisseux sur la tête. Il a dit : « Il est cinglé, ce type ! Tu peux m'expliquer ce qui se passe ? ». J'ai juste répondu « non ».

J'ai dit à papa que la tache de jus d'orange sur sa chemise, si il voulait, on pourrait la montrer à mon psy. On a fait une belle petite balade du soir, tous les deux, pour renter à la maison. C'était cool d'être dans la ville la nuit en tenant la main de mon papa. Et puis on est arrivés chez nous. Et en entrant, on a tout de suite remarqué qu'il était là...

Le sac de maman était de retour. Avec les affaires dedans. Papa et moi, on savait pas trop ce qu'il fallait faire, alors on est restés debout comme des lampadaires à regarder le sac de voyage.
Mais maman avait pas rapporté que le sac. Elle avait aussi ramené d'autres affaires... Des affaires qui trottinaient dans le couloir en disant « papa ».

24

Maman est sortie du salon. Elle a dit « On est de retour ». Elle avait l'air entre toute contente et un peu gênée

Peut-être qu'elle avait peur qu'on la gronde. Moi j'avais pô du tout envie de la gronder. J'ai jeté un coup d'œil à papa, il avait pô l'air fâché non plus.

Zizie s'est jetée sur moi en disant « Titeuss ! » et j'étais bien content de la prendre dans mes bras, même si elle m'a un peu bavé sur l'épaule. J'avais un petit peu envie de rire et aussi de pleurer. Un mélange, quoi. Maman s'est approchée de papa, elle a dit : « J'ai pris le temps de réfléchir et t'es ma sale bête préférée ». Et elle a fait ça...

Je trouvais ça vraiment dégueulasse de faire ça devant les enfants, mais aussi ça me faisait plaisir. Alors moi, j'ai fait ça...

Et j'ai dit « Je suis content que t'aies fini de réfléchir, maman » et papa a dit « Moi aussi ».

Et puis on a pris aussi Zizie dans les bras. J'ai demandé à maman si c'était vraiment fini avec Fido. Papa a fait une drôle de tête et il a demandé un peu fort « C'est qui ce Fido ?! » mais comme maman riait, il a rigolé aussi. Pour Fido, papa avait l'air de penser que c'était pas grave. Alors, c'est sûrement que c'était pas grave. Et on est restés comme ça au moins cinq minutes...

Mais comme papa et maman ont recommencé à s'embrasser, j'ai pris Zizie par la main et je lui ai dit : « Viens, Zizie, je vais t'apprendre à exploser des soldats du Grand Mugul ».

25

Et voilà. Tout était redevenu comme avant, avec les épinards à manger et les devoirs à finir. Quand je suis arrivé dans la cour le lendemain matin, je me suis solidifié sur place : Manu était en train de parler avec Nadia. Je sais pas ce qu'il lui racontait mais comme des fois, il dit un peu ce qui lui passe par la tête, j'étais un peu inquiet. Une fois, déjà, en voulant m'aider, il était allé expliquer à la maîtresse que c'était pas ma faute si j'avais copié en classe. Sauf que la maîtresse avait pas vu que j'avais copié. Alors quand j'ai vu arriver Nadia vers moi, là j'étais plus du tout inquiet. J'étais carrément paniqué.

Mais elle a pris sa voix toute douce pour dire : « Manu m'a expliqué ce que t'as fait pour venir à la fête et pour ton papa. C'est un peu bizarre, mais c'est vraiment généreux... et même, héroïque... ». Elle se dandinait avec un petit air super joli. Elle a dit qu'elle avait pas mis le collier à cause de l'odeur, mais qu'elle le trouvait quand même joli.

J'avais le cœur qui tapait fort et tous les copains qui nous regardaient derrière l'arbre. Manu me soufflait « La déclaration ! Fais ta déclaration ! » et j'arrivais pas à me concentrer parce qu'il voulait pas la fermer. Mais je me suis quand même décidé. Je me sentais partir dans l'espace, mais j'ai carressé son oreille et j'ai dit « Je t'aime ».

Nadia a enlevé ma main et elle a dit : « Quoi ? J'ai rien entendu avec ta main sur mon oreille, qu'est ce que tu m'as dit ? ». Du courage, il m'en avait fallu pas mal. Mais alors j'avais pô du tout envie de lui répéter. Elle m'a redemandé « Qu'est-ce que t'as dit ? » et là, c'est une autre voix qui a crié « En classe ! » bien ciblé dans mon oreille...

Manu m'a demandé si j'avais réussi à le dire et j'ai dit oui. Il m'a demandé : « Et Nadia, qu'est-ce qu'elle a dit ? » j'ai répondu « Rien. Mais ses yeux ont parlé ».
Alors Manu a fait sa tête de Manu : « Elle parle avec les yeux ??? » mais je lui ai pas expliqué parce qu'il est plus drôle quand il comprend pas.

Table

LES ALBUMS tchô! La collec...

PAR ZEP
Édition colorisée

PAR ZEP
12 tomes parus

PAR ZEP
Hors-série Titeuf

PAR OHM
4 tomes parus

PAR POIPOI
3 tomes parus

PAR BILL & GOB
7 tomes parus

PAR MATHILDE DOMECQ
3 tomes parus

PAR YOMGUI DUMONT
4 tomes parus

PAR NOB
6 tomes parus

tchô! La collec...

PAR BUCHE
10 tomes parus

PAR JULIEN NEEL
5 tomes parus

PAR ZEP & TÉBO
4 tomes parus

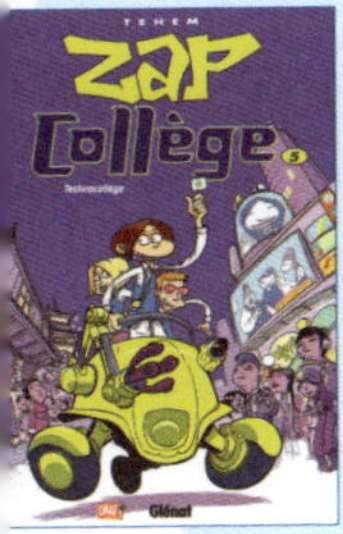

PAR TEHEM
5 tomes parus

PAR NOB
3 tomes parus

PAR BOULET
6 tomes parus

AR ZEP, STAN & VINCE
3 tomes parus

PAR TÉBO
7 tomes parus

PAR DAB'S
10 tomes parus

PAR NOB
2 tomes parus

PAR KAZÉDOLÉMITE
1 tome paru

PAR TEHEM
1 tome paru

PAR ZEP & TÉBO
1 tome paru

Un super merci à :

Zep
Jicé Camano
Catherine Saunier-Talec
La Petite Hélène

« Pour l'éditeur, le principe est d'utiliser des papiers composés de fibres naturelles, renouvelables, recyclables et fabriquées à partir de bois issus de forêts qui adoptent un système d'aménagement durable. En outre, l'éditeur attend de ses fournisseurs de papier qu'ils s'inscrivent dans une démarche de certification environnementale reconnue. »

Imprimé en Espagne par Cayfosa
Dépôt légal : mars 2011
20.20.2406.5/01– ISBN 978-2-01-202406-9
Loi n°49-956 du 16 juillet 1949
sur les publications destinées à la jeunesse